Inhalt

Mitarbeitermotivation - Im Trend der Zeit

Kernthesen

Beitrag

Fallbeispiele

Weiterführende Literatur

Impressum

GENIOS WirtschaftsWissen Nr. 06/2005 vom 07.06.2005

Mitarbeitermotivation - Im Trend der Zeit

M.Reiner

Kernthesen

- Mitarbeitermotivation ist ein notwendiges personalpolitisches Instrument, um die Angestellten an das Unternehmen zu binden, ihre Leistungsfähigkeit zu fördern und die Produktivität zu steigern. (1)
- Der Anspruch der Mitarbeiter hat sich in den letzten Jahren gewandelt. Viele Unternehmern versäumen diese Entwicklungen, arbeiten mit veralteten Anreizmodellen und verschwenden so wertvolle Ressourcen. (2), (4)
- Unternehmen, die effektiv und zielgerichtet ihre Mitarbeiter motivieren wollen, sollten die eigenen Modelle hinterfragen,

individuelle Anreize schaffen und auf den Geist der Zeit achten: qualitative Incentives, Anerkennung und individuelle Statussymbole liegen im Trend. (3), (9)

Beitrag

Mit Bügelservice, Laptop oder Dienstwagen kann man heute kaum motivieren. In Zeiten, in denen die schnelle Karriere der Vergangenheit angehört, zählen vermehrt andere Kriterien: Individuelle Statussymbole sind die neuen Motivationsinstrumente von heute.

Deutschland: schlechte Noten bei der Mitarbeitermotivation

Im Gegensatz zu anderen europäischen Ländern, in denen 57 Prozent der Arbeitnehmer wissen, dass ihre Arbeit von Vorgesetzten honoriert wird, liegt Deutschland mit nur 28 Prozent erschreckend weit hinten. Da verwundert es nicht, dass bundesweit nur 13 Prozent der Angestellten eine hohe emotionale Bindung zur täglichen Arbeit haben. Im Mittelstand sind es immerhin 20 Prozent. Über 60 Prozent machen

"Dienst nach Vorschrift". Der daraus resultierende ökonomische Schaden ist keineswegs gering: Laut einer von Gallup durchgeführten Studie haben stark an den Betrieb gebundene Mitarbeiter eine um 6500 Euro höhere Produktivität im Jahr. Im Gegensatz zu Mitarbeitern, die bereits innerlich gekündigt haben, liegt der Betrag sogar bei 11500 Euro. Auch bei den Krankheitstagen macht sich die fehlende Motivation bemerkbar: Motivierte Mitarbeiter fehlen im Durchschnitt fünf Tage im Jahr. Nicht motivierte kommen auf elf Krankheitstage. (2)

Motivation im Unternehmen: Wohin geht der Trend?

Experten beobachten, dass Mitarbeiter heute andere Kriterien an die Anerkennung ihrer Leistung setzen als noch vor einigen Jahren. Blackberry und Laptop zählen heute als Arbeitsmittel und nicht als Privilegien. Da aufgrund der wirtschaftliche Lage oft keine großen Zusatzleistungen oder Aufstiegsmöglichkeiten geboten werden können, suchen auch Unternehmen andere Wege, um ihre Anerkennung zu signalisieren: "Leistung anerkennen ohne zu befördern" heißt das Prinzip. (9)

Statussymbole

Der Trend geht dabei zu individuellen Statussymbolen, mit denen Mitarbeiter ihren Erfolg nach außen tragen können: Für den einen ist es die Teilnahme am Montagsmeeting, die nur wenigen Auserwählten vorbehalten ist. Für den anderen ein zweimonatiges Sabbatical. Wichtig ist der feine Unterschied zur Gruppe und die Tatsache, dass die Maßnahme individuell auf das Bedürfnis des Einzelnen abgestimmt ist. (9)

Incentives

Mitarbeiterevents sind für viele Unternehmen ein wichtiges Instrument der Personalentwicklung und werden in Zukunft weiter an Bedeutung gewinnen. Laut einer Studie der Wiesbadener Event-Agentur Quasar Communications, verfolgen 87 Prozent der Betriebe mit Incentives das Ziel, ihre Mitarbeiter zu motivieren. 70 Prozent nutzen das Instrument zur Kommunikation ihrer Marketingstrategie. Und 60 Prozent sehen Incentives als Teil ihres Mitarbeiter - Belohnungsmodells. Größtenteils liegen die Ausgaben für Events unter 100.000 Euro.

Aber auch bei den Firmenveranstaltungen gehen Unternehmen neue Wege. Betriebe wollen eine effektive Nachhaltigkeit der Incentives. Stand früher die große Show im Vordergrund, setzen Betriebe heute auf Qualität und persönliche Ansprache. Veranstaltungen, die die Mitarbeiter fordern und fördern, ihre aktive Teilnahme erfordern und die Kommunikation verbessern, steigern die Motivation und die Produktivität. Der Mitarbeiter soll erkennen, dass sich Leistung lohnt. (1), (3)

Klassische Motivationsmodelle

Neben den Trends gibt es natürlich noch die altbewährten Modelle. Gehören diese langsam der Vergangenheit an? Keineswegs - werden sie richtig eingesetzt. Denn nach wie vor sind Bonusmodelle, freie Zeiteinteilung, Weiterbildung und Altersvorsorge attraktive Zusatzleistungen. Aber auch hier sollte eine Pauschalisierung vermieden werden. (9)

Keine Pauschalisierung, bitte!

Was den einen freut, ist für den anderen vielleicht

reizlos. Vor allem Mitarbeiter anderer Kulturen haben ein anders Wertesystem, welches hinterfragt werden sollte.

Zu interessanten Ergebnissen gelangte eine Studie zur leistungsabhängigen Entlohnung durchgeführt von der Universität Schweiz und der Zürcher Gesellschaft für Personal-Management. Es stellte sich heraus, dass Mitarbeiter mit und ohne Führungsposition anders auf leistungsbasierende Modelle reagieren. Bei Führungskräften, so das Fazit, motiviert in vielen Fällen nicht der Bonus an sich, sondern die Tatsache, dass sie auf ein Ziel hinarbeiten und Feedback zur Erreichung ihrer Ziele von den Vorgesetzten erhalten. Mit anderen Worten: leistungsabhängige Belohnung motiviert unter Umständen nur dann die Mitarbeiter, wenn ein regelmäßiger Austausch mit dem Chef stattfindet. Gibt es kein Feedback, verpuffen auch hier wertvolle Motivationsressourcen. (4)

Motivation: lernen und messen

Motivation hat viele Facetten und bindet bestenfalls alle Aspekte des Arbeitslebens gleichermaßen mit ein: Nämlich das materielle, körperliche, geistige und seelische Wohlbefinden des Mitarbeiters am Arbeitsplatz. Um zu optimalen Lösungen zu gelangen, muss das Motivieren erlernt werden. Seminare können dabei eine wichtige Stütze geben. Das Training der Führungskraft durch einen Coach sollte vor Ort im praktischen Alltag stattfinden. Anschließend ist es notwendig, eine interne Befragung durchzuführen, um den Erfolg der Motivation messbar zu machen. (2), (8)

Fallbeispiele

Ein auf den ersten Blick sonderbares Motivationsinstrument hat Vorzeigeunternehmer und Inhaber des Tagungshotels "Schindlerhof" Klaus Kobjoll erfunden. Mit der Bewertung seiner Mitarbeiter als "Ich-Aktien" sollen die Leistungsfähigkeit, Motivation und das Selbstmanagement jedes Einzelnen gefördert werden. Anhand eines individuellen Punkte Index, den der Mitarbeiter durch Kriterien wie Pünktlichkeit, Verbesserungsvorschläge, Krankheitsquote, Rauchen, Projektmitarbeit, Jubiläum oder Weiterbildung beeinflussen kann, wird seine Leistung gemessen. Die einzelnen, geheim gehaltenen Mitarbeiter-Indizes werden team- oder abteilungsbezogen zusammen gezählt. So können sich Abteilungen untereinander messen und motivieren. Kobjoll sieht darin eine wertvolle Basis für Gehalts- und Mitarbeitergespräche. Prämien für herausragende Werte sind vorerst noch nicht vorgesehen. Eine auf dem Markt erwerbbare Software erleichtert die Rechnerei. Für Mittelständer unter 100 Beschäftigten liegen die Kosten bei ca. 7500 Euro. (11)

An Unternehmer, Personalmanager sowie jobsuchende Fachkräfte richtet sich das von Gertrud Höhler herausgegebene Buch "TOP JOB 2005 - Top-Arbeitgeber im deutschen Mittelstand". Mit Beiträgen aus der bundesweiten Unternehmensvergleichstudie TOP JOB, die jedes Jahr das Personalmanagement mittelständischer Unternehmen durchleuchtet, vermitteln Experten die Stärken und Schwächen des Personalmanagements. Porträts 63 ausgezeichneter Unternehmen geben Aufschluss über vorbildliche Personalarbeit. Ergänzende Fachbeiträge wie z.B. die Umsetzung von Führungskultur und Mitarbeitermotivation anhand eines Praxisbeispiels runden den Band ab. Unter der ISBN 3-636-01229-0 kann das Buch mit 175 Seiten Umfang für 19,90 Euro bezogen werden. (10)

Mit freien Eintritten zu Kunst- und Kulturereignissen will CEO Dickjan Poppem von der BBDO Campaign

Düsseldorf die Kreativität seiner Mitarbeiter fördern und sie stärker an das Unternehmen binden. Pro Person belaufen sich die Kosten der "Art Card" auf rund 60 Euro im Jahr. Bei 160 Mitarbeitern entspricht dies einem Aufwand von circa 9600 Euro. Ab Herbst ist eine Erweiterung im "Culture Club" der Firma geplant, die den Mitarbeitern auch kostenlose Opern- oder Theaterbesuche ermöglicht. (7)

Zu überraschenden Ergebnissen führte eine Studie der Universität Zürich und der Zürcher Gesellschaft für Personal-Management, die sich mit der Frage befasste, ob leistungsabhängige Löhne die Motivation der Mitarbeiter fördern können: Während Mitarbeiter ohne Führungsfunktion mit einer leistungsabhängigen Vergütung durchaus motiviert werden können, scheint dieses Instrument bei Führungskräften nur indirekte Relevanz zu haben. Nicht das Geld ist der Anreiz, sondern die Tatsache, auf ein Ziel hin zu arbeiten. Die Umfrageergebnisse zeigen, dass die Motivation vor allem durch das Feedback der Vorgesetzten generiert wird. Je häufiger einem Mitarbeiter mitgeteilt wird, wie hoch sein Zielerreichungsgrad ist, desto größer ist seine Motivation. In der Praxis gehen durch versäumte Kommunikation wertvolle Motivationspotenziale verloren. Nur ein Drittel der Unternehmen informiert seine Manager mehr als einmal im halben Jahr darüber, inwieweit er seine persönlichen Ziele erreicht hat. (4)

Einer Untersuchung zufolge zeigen sich Mitarbeiter in offenen Büroräumen deutlich motivierter als in Zweierzimmern oder den privilegierten Einzelbüros. Ein mobiles Großraumbüro, das mit flexiblen Systemen den Anforderungen der Zukunft entspricht, hat deshalb die Landesbank Baden-Württemberg (LBBW) erschaffen. Lockere Gruppenkonstellationen, mobile Schreibtische, Raum für Bibliotheken und abgesonderte Flächen für Gespräche senken die Bewirtschaftungskosten und optimieren die Wirtschaftlichkeit. Da eine solche Struktur durchaus gewöhnungsbedürftig ist, wurden die Mitarbeiter auf die neue Arbeitssituation vorbereitet und ihre Wünsche entsprechend berücksichtigt. (6)

Wie kreativ Incentives gestaltet werden können, zeigt der Gewinner des EVA-Award 2004 in der Kategorie Incentives, der seine Mitarbeiter nach Sardinien schickte, um sie zu aktivem Weiterdenken zu animieren. Dort schickte das Unternehmen einige der Mitarbeiter einkaufen, andere ins Museum. Erst später erfuhren diese, dass sie mit den Zutaten kochen bzw. Gegenstände nachbauen sollten. Das Incentive sollte die Kreativität und das Innovationsbewusstsein der Mitarbeiter steigern. (3)

In Filialbetrieben ist aufgrund der räumlichen Distanz

zwischen Chef und Mitarbeitern die Kommunikation oft auf ein Minimum beschränkt. Informationen gehen verloren, die Motivation sinkt, Leistungen werden nicht erbracht. Fleischwaren Kruse in Bochum ist ein Vorzeigebetrieb. Mit Hilfe eines Beraters und in Zusammenarbeit mit seinen Mitarbeitern hat der Inhaber ein Führungskonzept entwickelt und Schritt für Schritt umgesetzt. Regelmäßige Treffen, ein betriebliches Vorschlagssystem, eine freiwillige Arbeitsgruppe sowie zahlreiche weitere Maßnahmen wirken sich positiv auf die Motivation jedes einzelnen Mitarbeiters aus. (5)

Weiterführende Literatur

(1) Motivation hilft auch verkaufen
aus Sales Business, Heft 2005/03, S. 12-19

(2) Fournier, Dr. Cay von, Andere begeistern, denn: das größte Erfolgspotenzial im Betrieb sind die Mitarbeiter, BUM Betrieb & meister, Heft 2, 2005, Seite 38
aus Sales Business, Heft 2005/03, S. 12-19

(3) Incentives wieder im Trend
aus acquisa, Vol. 53, Heft 05/2005, S. 66-67

(4) Worte zählen mehr als Geld Die indirekte Anreizwirkung leistungsabhängiger Löhne

aus Neue Zürcher Zeitung, 14.04.2005, Nr. 86, S. 29

(5) Führung als Gemeinschaftsaufgabe organisiert
aus afz - allgemeine fleischer zeitung Nr. 09 vom 02.03.2005 Seite 015

(6) Büropark LBBW: Die Antwort auf den Wandel in der Arbeitswelt Offene Bürokonzeption für die Arbeit der Zukunft
aus Die SparkassenZeitung, 18.03.2005, Nr. 11, S. 18

(7) Inspiration mit Kultur Mitarbeiter-Incentives
aus werben & verkaufen Nr. 12 vom 24.03.2005 Seite 036

(8) MITARBEITERFÜHRUNG Erst loben - dann kritisieren
aus Sparkasse, März 2005, Nr. 03, S. 40

(9) Gillies, Judith-Maria, Die neuen Privilegien. Auch wenn es keiner gerne zugibt - Statussymbole fördern die Motivation. Was junge Aufsteiger heute wollen, Impulse vom 1.4.2005, Seite 110
aus Sparkasse, März 2005, Nr. 03, S. 40

(10) Erfolgsrezepte ausgezeichneter Arbeitgeber
aus Quality Engineering, Heft 4, 2005, S. 79

(11) Hurra, wir sind Ich-Aktien!
aus wirtschaft&weiterbildung, Vol. 18, Heft 04/2005, S. 8-13

Impressum

Mitarbeitermotivation - Im Trend der Zeit

Bibliografische Information der deutschen Nationalbibliothek

Die Deutsche Nationalbibliothek verzeichnet diese Publikation in der deutschen Nationalbibliografie; detaillierte bibliografische Daten sind im Internet über http://dnb.d-nb.de abrufbar.

ISBN: 978-3-7379-0892-4

© 2015 GBI-Genios Deutsche Wirtschaftsdatenbank GmbH, Freischützstraße 96, 81927 München, www.genios.de

Alle Rechte vorbehalten. Dieses Werk ist einschließlich aller seiner Teile – z.B. Texte, Tabellen und Grafiken - urheberrechtlich geschützt. Jede Verwertung außerhalb der Grenzen des Urheberrechtsgesetzes bedarf der vorherigen Zustimmung des Verlags. Dies gilt insbesondere auch für auszugsweise Nachdrucke, fotomechanische Vervielfältigungen (Fotokopie/Mikroskopie), Übersetzungen, Auswertungen durch Datenbanken oder ähnliche Einrichtungen und die Einspeicherung und Verarbeitung in elektronischen Systemen.